Detlef Puhan

Mein Weg zum Segelboot

Renovierung und Ausbau einer Sperrholz Segelyacht

Rumpf, Kiel, Stabdeck, Interieur
Elektrik, Motor, Segel

ein Arbeits- und Erfahrungsbericht

Detlef Puhan
Ziegelstr. 9
D-37249 Neu Eichenberg

Verlag und Herstellung: Books on Demand GmbH, Norderstedt, 2017
Printed in Germany

ISBN 978-3-7357-4309-1

Mein Weg zum Segelboot

Renovierung und Ausbau einer Sperrholz Segelyacht

Rumpf, Kiel, Stabdeck, Interieur
Elektrik, Motor, Segel

Inhaltsverzeichnis

Vorwort

Wer einmal der Faszination des Segelns erlegen ist, kann es nicht mehr lassen. Wer träumt da nicht vom eigenen Boot, nach eigenen Vorstellungen ausgestattet. In einem Revier mit warmem Klima und schönen Buchten. Doch oft läuft der Lebensweg nicht so, dass man sich Träume auch gleich erfüllen kann. Dann schiebt man die Wünsche vor sich her, in eine Zeit, die einigermaßen frei von beruflichen Zwängen erscheint. Immer unter der Voraussetzung, dass die Lebensplanung so verläuft, wie man es sich vorgestellt hat.

Man begnügt sich in der Urlaubszeit mit dem Chartern eines Bootes, immer getrieben von Terminen. An Bord eine Crew aus guten Bekannten, die man oft erst kennen lernt, wenn man unterwegs ist, auf engem Raum und manchmal bei widrigen Bedingungen.

So nehmen unter dem Einfluss der Umstände Pläne eine Form an. Ich wollte ein Segelboot, das ich allein oder zu zweit beherrschen konnte, einen Fahrtensegler, auf meine Belange ausgelegt. Ich bin kein Meilenfresser, liebe das Dahingleiten, auch wenn mal eine Falte im Segel ist. Ankern, da wo es schön ist und so lange bleiben bis die Unruhe einsetzt und der Wind gut steht. Vor allem liebe ich Sonnenschein und Wärme. Es hat lange gedauert, bis ich meine Pläne in die Tat umsetzen konnte. Mein eigenes Segelboot, gebaut für mein Wunschrevier, nach meinen Vorstellungen oder doch nahe dran. Natürlich muss man auch Kompromisse eingehen. Ich habe mich entschlossen, ein älteres Boot zu renovieren.

1. Suche nach einem Boot

Die Annonce fand ich zufällig in der „Bootsbörse". Ich hatte mir schon mehr als ein Dutzend Segelschiffe angeschaut. Meistens Stahlbauten. Nichts allzu Neues, denn meine Barschaft war nicht besonders groß. Ich war teilweise entsetzt, was mir so um die 20 bis 40-tausend Mark angeboten wurde. In Holland hatte ich verschiedene Händler in diversen Marinas abgeklappert und war in mehr oder weniger vergammelten Schiffsbäuchen herumgekrochen. Manchmal kam schon so etwas wie Sympathie zum Schiff auf, doch die Preisvorstellungen der Gegenseite machten diese leichten Anflüge gleich wieder zunichte. Ich hatte schon fast aufgegeben, als mir in Oldenburg, bei einem Freund, das Heftchen der Bootsbörse mit Verkaufsinseraten in die Hände fiel. Ein Sperrholzboot wurde da angeboten und eine Oldenburger Telefonnummer war angegeben. Anrufen kann man ja mal. Eine Frauenstimme: ja, das Schiff liegt in Hooksiel, im Kommunalhafen bei der Werft. Es war schönes Wetter und von Oldenburg nach Hooksiel ist es nicht allzu weit. Das Schiff war gleich hinter dem Werfttor aufgebockt, eine Leiter war auch greifbar. Und dann passierte es. Liebe auf den zweiten Blick. So kam ich zu meiner Mananthoto[1].

---

[1] soll auf polynesisch so viel wie „Wunschkind" bedeuten

**Abb. 1: Die Segelyacht vor dem Kauf. Hier am Steg im kommu-
nalen Yachthafen von Hooksiel 1994. Holzmasten, Baum und alle
Wanten wurden kurz darauf ersetzt**

Ein Knickspant Seekreuzer (Bonaventura), gebaut von Lehfeld
Leichtbau, Hamburg, etwa 1962. Danach von Vorbesitzern
umgebaut etwa 1967. Unter anderem Verlängert von ursprünglich 8,80 m auf 9,60 m durch Änderung des Hecks. In
den 70iger Jahren neu motorisiert durch Einbau eines Volvo
Penta MD 7A/B.

Von mir gekauft im September 1995 aus dritter Hand. Der
Vorbesitzer wollte die Yacht renovieren, doch das Vorhaben
blieb in den Anfängen stecken. Einige der vorangegangenen
Renovierungsarbeiten der diversen Vorbesitzer hatten schon
ziemlichen Schaden angerichtet. So war bei brutalen Schleifarbeiten die Deckschicht des Mahagoni- Sperrholzes der Auf-
bauten an verschiedenen Stellen durchgeschliffen und mit
Farbe wieder auf Mahagoni getrimmt. Die Yacht hatte allerdings zum Zeitpunkt des Kaufs gerade ein nagelneues Rigg
von der betreuenden Werft erhalten. Sozusagen im ersten An-
lauf der neuerlichen Arbeiten. Der ursprünglich vorhandene

Holzmast, da an mehreren Stellen angefault, war durch einen Alumasten ersetzt worden, ebenso der Baum und das gesamte stehende Gut.

Abb. 2: Die Yacht aufgebockt in Hooksiel auf dem Werftgelände. Das neue Rigg ist montiert

Als ich die Yacht das erste mal in Augenschein nahm, war sie aufgebockt und dadurch von allen Seiten zugänglich. Ein Sachverständigen-Gutachten aus dem Jahre 1994 lag vor.

Die Kaufverhandlungen überließ ich meinem Freund aus Oldenburg. Er wohnte am Ort des damaligen Eigners und war unbefangen. Ich nannte ihm einen Preis, den es durchzusetzen galt. Ich selbst wäre meiner neuen Liebe gegenüber wahrscheinlich weniger konsequent gewesen.

1.1 Das Boot kommt

Dann ging alles sehr schnell. Innerhalb von 14 Tagen sollte die Yacht vom Werftgelände abgeholt werden. Den Transport zu organisieren war nicht weiter schwierig. Mit ein paar Anrufen war alles erledigt. Ich schob den Termin des Transportes so weit wie möglich weg, denn zu Hause hatte ich zwar eine Scheune entsprechend der Bootslänge, diese hatte aber nur einen gestampften Lehmboden und sollte vor Eintreffen des Bootes noch einen Betonboden erhalten. Außerdem fehlte mir noch ein Untersatz, um das Boot ins Innere der Scheune zu ziehen. Ich besorgte mir von einem Kiesgrubenbetreiber einen ausrangierten Transportkarren mit Vollgummireifen. Man hatte damit früher Schwellen für die Geleise der Kiesloren transportiert. Der Wagen sah stabil genug aus, um die rund vier Tonnen des Bootes zu tragen. Seitlich an den Wagen wurden Stützen aus massiven Stahlträgern angeschweißt. Werkstattmäßig bin ich so gut ausgestattet, dass alles in Eigenleistung durchgeführt werden konnte.

Der Beton des Scheunenbodens war gerade halbwegs abgebunden, die Schweißnähte am Transportwagen noch warm, als sich der Yachttransporteur und der Autokranfahrer zur Verladung vor meinem Haus trafen. Per Mobiltelefon hatten die beiden sich mit der Anfahrt abgesprochen. Es klappte alles wie am Schnürchen. Noch bevor die Yacht am Kranhaken hing, musste ich die Transportkosten löhnen.

Nach der Verladung zog ich die auf dem Wagen aufgebockte Yacht mit meinem alten Daihatsu-Geländewagen in die Scheune. Der Masten mit dem Rigg wurde seitlich an der Scheunenwand auf Stützen gelagert. Um ein Durchbiegen des Mastens zu vermeiden, hatte ich an die Balken der Scheunenwand im Abstand von etwa 2 Metern Tragarme angeschraubt und akkurat waagerecht ausgerichtet.

Nachdem alles einigermaßen sorgfältig verstaut war, holte ich den versäumten Schlaf nach, 24 Stunden am Stück. Dann betrat ich die Scheune mehrere Wochen nicht mehr, denn, wie bei den meisten Menschen notwendig, hatte ich noch einen Job zu versehen, den ich in letzter Zeit ein wenig vernachlässigt hatte.

2. Erste Arbeiten

Ich weiß nicht, wie oft ich das aufgebockte Boot umrundet habe, wie viele Stunden ich mit einem Block bewaffnet in der Kabine gesessen und mir Notizen gemacht habe. Arbeitspläne und Materiallisten sind so entstanden. Kataloge wurden durchstöbert, nach geeigneten Materialien gesucht. Technische Datenblätter der zu verwendenden Materialien studiert und in Tabellenform gebracht, bis es dann endlich losging.

2.1 Entfernen des alten Anstrichs

Bevor ich daran ging dem alten Anstrich zu Leibe zu rücken, musste der Wasserpass für den späteren Neuanstrich abgenommen werden. Zu diesem Zweck befestigte ich mit Klebestreifen ein Maßband direkt unter dem unteren Deckweger vom Bug zum Heck. Mit einem biegsamen Zimmermannswinkel mit großer Schenkellänge wurde alle 20 cm der Abstand zum Deckweger aufgenommen. Der Versprung des Deckweger diente dabei als Anschlag für den kurzen Schenkel des Winkels.
Aus meiner Erfahrung ist es sehr wichtig immer genauestens zu notieren, wie bei der Abnahme vorgegangen wird. Zum Beispiel nach welcher Seite der kurze Schenkel ausgerichtet wird (praktischer Weise nach achtern). Ein gutes Protokoll ist nicht nur bei der oben beschriebenen Prozedur wichtig, son-

dern gilt für sehr viele Vorgänge, besonders dann, wenn Monate oder gar Jahre zwischen Aufnahme und Auswertung liegen. Man staunt oft, wie unzuverlässig das Gedächtnis ist und wie schnell Irritationen auftreten ob ein Bauteil nun so oder so eingesetzt werden muss.

Die Tabelle der Wasserpassabstände braucht natürlich nur auf einer Schiffsseite abgenommen zu werden.

Der Farbanstrich des Rumpfes oberhalb der Wasserlinie war kein Problem. Mehrere Schichten waren zu entfernen. Da es sich bei der Beplankung des Rumpfes um Sperrholz und in den Rundungen um massive Leisten handelte, konnte ich die Farbe mit einem elektrischen Heißluftgebläse aufweichen und dann sofort mit einem Schaber entfernen. Zur Verklebung der Sperrholzplatten und der Leisten unter einander und mit dem Unterbau war Phenol-Resorcin-Leim benutzt worden. An der Innenseite des Rumpfes fanden sich genügend Leimnasen, um eine Probe zu nehmen. Der Leim wurde durch die Erwärmung nicht zu weich und in der Haltbarkeit während der Prozedur nicht geschwächt. Bei Normaltemperatur ist Resorcin-Leim sehr hart und spröde. Mit einigen Versuchen hatte ich schnell die günstigste Arbeitstemperatur zum Aufweichen der Farbe herausgefunden. Bei der modernen Ausführung von Heißluftgebläsen wird die Temperatur des Luftstromes elektronisch geregelt. Lediglich das Einhalten des richtigen Abstandes verlangt etwas Aufmerksamkeit. Beim Schaben sollte darauf geachtet werden, dass möglichst wenig Fasern aus der Deckschicht der Sperrholzplatten gerissen werden.

Erst nachdem ich den über Wasser liegenden Bereich des Rumpfes freigelegt hatte, konnte ich entscheiden, ob Mahagoni Natur später für diesen Bereich angesagt war. Leider musste ich schnell einsehen, dass dies nicht der Fall war. Zu viele Fehlstellen und roh verspachtelte Senkschrauben traten zutage. So entschloss ich mich, den Rumpf wieder deckend zu streichen und zwar nach Aufbringung einer Schicht Epoxidharz und Glasmatten. Solche Entscheidungen bestimmen natürlich auch die aufeinander folgenden Arbeitsabläufe, wie Einbau der Borddurchlässe. Arbeiten mit Epoxidharz verlangen bestimmte Mindesttemperaturen, können bei ungeheizter Halle dann nur im Sommer ausgeführt werden. Es ist schon sinnvoll einen Arbeitsplan, wie oben erwähnt, anzufertigen, in den die angedeuteten Erfordernisse einfließen.

Das Entfernen des Unterwasseranstrichs wurde zur Quälerei. Mehrere Schichten Antifouling über Teer- und Kautschukfarben waren abzukratzen. Diese Arbeiten, weil sehr schweißtreibend, erledigte ich in der kalten Jahreszeit. Dann endlich lag eines Tages der entblößte Schiffskörper vor mir. Die Musterung nach den versteckten Schäden konnte beginnen. Im Überwasserbereich und bis zum Kielschwein hatten meine Besichtigungen schon ergeben, dass das Holz in allen Teilen völlig gesund war. Mein Boot hat einen Balkenkiel mit Bleiwulst. Angebolzt mit fünf Stahlstangen mit einem Durchmesser von jeweils 24 mm. Die von oben zugänglichen Muttern auf dem M 24-Gewinde waren in Ordnung, aber weiter reichte die Möglichkeit zur einfachen Besichtigung nicht. Von unten war die Besichtigung genau so eingeschränkt. Das Boot lag ja auf dem Kiel.

Die oberen Kielbalken waren im Holz gesund. An der Oberseite des Wulstes sah das schon anders aus. Hier war wegen der Breite das Holz verleimt, d.h. nicht mehr aus einem Stück. Einige Teile waren durch den Trocknungsprozess schon locker und konnten herausgezogen werden. Oberflächlich war das Mahagoni vergraut, aber eben nur oberflächlich.

Da ich an die anderen Teile so nicht herankam, besorgte ich mir einen Kernbohrer, wie er in der Forstwirtschaft verwendet wird. So konnte ich Kerne aus den einzelnen Holzteilen entnehmen und begutachten. In den hinteren Kielpartien war offenbar Wasser über die Bolzenbohrung in das Holz eingedrungen. Jetzt zog eine böse Entdeckung die andere nach sich.

Folgendes Vorgehen schien mir angebracht. Kernbohren bis kurz vor den Bolzen, dann nachbohren mit einem Stahlbohrer gleichen Außendurchmessers bis auf den Bolzen. So konnte ich jeweils das Holz bis in die unmittelbare Nähe der Bolzenstange untersuchen. Förderte dann der Stahlbohrer schön blanke Eisenspäne, so war alles gut. Leider war es nicht so. Die heckseitigen drei Bolzenstangen waren im Bereich Holz-Bleiwulst nur noch wenige Millimeter dick. Durch die Volumenzunahme bei der Rostung gab es im Übergangsbereich eine Zone im Holz, die jetzt nach der Trocknung total zerbröselt war. Da mir der Kiel später nicht wegbrechen sollte, entschloss ich mich zu einer gründlichen Sanierung, nur mit dumpfer Ahnung, auf was ich mich dabei einließ.

3. Kielsanierung

Manches läuft in der Praxis anders, als in Büchern beschrieben. Nur durch Praxis wächst die Erfahrung. Beim zweiten Boot hätte ich manches etwas anders gemacht.

3.1 Vorbereitung und Fehlschlag

Natürlich hatte ich mir im Vorfeld der Arbeiten jede Menge anregender Bücher besorgt.
Kielbolzen ausbohren erschien mir danach durchaus machbar. Entsprechend der Anleitung in „Holzboote restaurieren und reparieren" schweißte ich mir aus einer oben abgeschnittenen Lochsäge und einem entsprechenden Verlängerungsrohr auf das wiederum das Oberteil der Lochsäge aufgeschweißt wurde, einen Hohlbohrer von gut 80 cm zusammen. Der Innendurchmesser war mit 26 mm etwas weiter als der Kielbolzen.

Von oben hatte ich Platz genug, um den Hohlbohrer über den Bolzen zu stecken. Eine entsprechend kräftige, geregelte Bohrmaschine war auch vorhanden. So begann ich frohen Mutes. Die ersten Zentimeter gingen auch prächtig, danach war Schluss. Der Bohrer wühlte nur im eigenen Sägemehl. Vielleicht wäre alles noch gegangen z.B. mit Wasserspülung, um das Holzmehl auszuspülen. Noch ein paar umständliche Arbeitsgänge, und es folgte die Einsicht, dass ich so die ersten 80 cm der insgesamt ca. 120 cm langen Bolzen nicht freilegen würde, zumindest nicht innerhalb der mir voraussichtlich verbleibenden Lebensspanne.

3.2 Auftrennung des Kiels

Es war von Anbeginn der Aktion klar, dass ich die Bolzenstangen, wie oben angedeutet, ohnehin nicht in einem Arbeitsgang hätte aussägen können, denn das Bohrgestänge war ja nur 80 cm lang. Danach musste ich entlang einer der Kielbalkennähte einen Schnitt durchführen. Bisher lag das Boot auf dem Kiel. Ich musste als nächstes das Boot abhängen, so dass der Kiel nach unten hin genügend Bodenfreiheit hatte und das abzutrennende Segment abgenommen werden konnte.

So verstärkte ich die Balkenlage der Scheune über dem Boot und stützte sie durch vier Stempel ab. Jeweils zwei parallele schwere Spanngurte wurden unter dem Boot durchgezogen. Danach konnte der Wagen unter dem Boot weggezogen werden. Mit Wagenhebern wurde das Boot in die richtige Höhenlage gebracht und die Gurte nachgespannt. So war der Kiel von unten gut zugänglich und hing dazu noch frei am Bootsrumpf.

Abb. 3: Boot abgehängt. Kiel nach dem vierten Kielbalken abgeschnitten. Ausgebaute Kielbalken hinten rechts. Deutlich sind die Gurte und die Stützvorrichtungen zu sehen

Mit Balkenlagen und Keilen konnte der Kiel nach Bedarf fixiert werden. Für den Längsschnitt im Kiel wählte ich die Naht zwischen dem vierten und fünften Balken (siehe Bild 3). Ausgeführt wurde der Schnitt mit einer elektrischen Säbelsäge und einem Metallsägeblatt.

Das tonnenschwere untere Kielsegment wurde mit Wagenhebern erst abgefangen und dann vorsichtig nach unten gelassen. Dabei mussten mehrmals die stützenden Balkenlagen umgeschichtet werden. Mit Hilfe fahrbarer Wagenheber konnte die untere Kielhälfte dann seitwärts in eine vernünftige Arbeitsposition gebracht werden. Es ging langsam, aber es ging.

Nach den ersten Erfahrungen mit der Lochsäge, wählte ich nun zum Freilegen der verbliebenen oberen Bolzen eine andere Methode. Mit einem 60 cm langen Schalungsbohrer von 8 mm Durchmesser bohrte ich eng am Kielbolzen von oben ein erstes Loch durch die noch vorhandenen Kielbalken. Dann folgte ein weiteres Loch auf der gegenüber liegenden Seite und zwei weitere jeweils dazwischen, also insgesamt 6 Bohrungen. Jetzt gab es nur noch die Stege zwischen den Bohrungen. Nun kam das Bohrgestänge wieder zum Einsatz. Das Bohrmehl konnte jetzt nach unten durch die vorhandenen Löcher ausgeworfen werden. Wenn doch mal was verstopfte, war es leicht, die Verstopfung mit einer Stahlstange von 5-6 mm nach unten zu durchstoßen. Bevor die Kielbalken abfallen konnten, habe ich von unten her Bohrungen von 16 mm bis in den obersten Kielbalken gesetzt, und zwar als Fixierhilfe für den späteren Zusammenbau. Die Bohrungen waren für Dübelstangen von 16 mm vorgesehen. Auf diese Weise habe ich jeden der Kielbalken, auch die seitlichen Holzplanken des unteren Kielsegments behandelt. Nach dem Säubern und Bearbeiten der einzelnen Kielteile waren oft die Außenkanten nicht mehr passgenau, das ließ sich spachteln. Über die Dübellöcher konnte später beim Zusammenbau die Originallage der Teile leicht gefunden werden. Mahagoni-Dübelstangen gibt es im Handel.

3.3 Unteres Kielsegment

Vom abgeschnittenen unteren Kielteil konnten die oberen drei Balken verhältnismäßig leicht abgezogen werden. Allerdings musste auch hier um die Bolzen durch Bohrlöcher Platz geschaffen werden. Das Holzmehl konnte zwar nicht nach unten weg, ließ sich aber mit Pressluft ausblasen. Die Balkenlagen waren nicht verleimt, sondern nur an den Kanten mit einer Schicht elastischen Klebstoffs verbunden. Mit Hartholzkeilen waren die Balken über die Fugen mehr oder weniger leicht zu trennen.
Die Stumpen der Kielbolzenstangen wurden, sowie sie locker waren, vorsichtig nach unten herausgeschlagen. Dies ließ sich verhältnismäßig leicht bewerkstelligen, da die Haltemuttern

Abb. 4: Stumpen der Kielbolzen mit dem letzten Kielbalken über dem Wulstkörper. Rechts die einzelnen Balken

im Blei nur mit Leinen und einer nicht zu identifizierenden Spachtelmasse abgedichtet waren.

Die Kielbalken über dem Blei waren im Bereich der Stahlbolzen ziemlich vergammelt. Mit einem Stechbeitel wurde das Holz, oder was davon übrig war, bis in den gesunden Bereich ausgestemmt. Etwa 10 x 10 cm genügten, um alles morsche Holz zu entfernen.

Abb. 5: Unteres Kielsegment mit eingebauten Holzpassteilen

Der Bleiwulst selbst besteht aus einem gegossenen unteren Teil und im vorderen Bereich aus zusätzlichen dünnen Bleitafeln, die übereinander geschichtet, zum Austarieren des Bleiballastes dienen.

Die Hölzer direkt über dem Blei wurden nicht entfernt. Über bis zur Bleischicht reichende Bohrlöcher wurde die Zwischenschicht mit Epoxidharz getränkt. Mit Hilfe von in die Bohrungen geschlagenen Dübel konnte das noch nicht abgebundene Harz unter Druck in die Zwischenschicht gepresst werden.

3.4 Zusammenbau des Kiels

Nach der vollständigen Sanierung der einzelnen Kielbalken, d.h. säubern und ausbessern beschädigter Teile, wurde der Kiel zusammengesetzt. Die Teile des unteren Segments bis zur Trennstelle auf der Basis wie in Bild 4 gezeigt. Verklebt wurden die Balken mit Epoxidharz, dem Quarzmehl zugesetzt wurde. Die passgenaue Fixierung erfolgte über die erwähnten 16 mm Dübel, die natürlich ebenfalls mit Epoxidharz eingebracht wurden. Mit den oberen Balken unter dem Rumpf wurde ebenso verfahren. Für den Zusammenbau waren von einer Schlosserei extra neue Kielbolzen angefertigt worden. Das untere Kielelement wurde, jetzt noch ohne die Bolzen, unter das Boot bugsiert und in die richtige Position gebracht. Das war von einer Einzelperson schwer zu machen, deshalb wurde zu einer Bugsierpartie eingeladen., an der alle meine Freunde , die keine linken Daumen an beiden Händen hatten, erscheinen mussten. Die anderen durften grillen und Bierflaschen öffnen, natürlich erst nachdem der Kiel unter dem Boot die richtige Position hatte. Auf die ehemalige Trennfläche wurde Kleber aufgebracht und das Boot über die Gurte herabgelassen. Dazu war viel Konzentration und Fingerspitzengefühl nötig. Es wurde mehrmals ohne Kleber geübt. Die Prozedur dauerte mehrere Stunden, aber dann endlich lag das Boot mit seinem Gewicht auf der Klebefläche. Der Erfolg wurde entsprechend gefeiert.

Nach dem Abbinden der Klebeschicht wurden die Bolzen von oben eingebaut und die unteren Muttern mit entsprechenden Scheiben angebracht. Hierzu wurden vorher mit einem Forstner-Bohrer entsprechend der Scheibengröße Löcher in den Bleikörper gebohrt bzw. die alten Löcher entsprechend bearbeitet. Damit der Forstner-Bohrer mit seiner Zentrierspitze greifen konnte, war es notwendig, die vorhandenen Löcher mit Holz zu füllen, das danach natürlich wieder entfernt wurde.

Ich benutzte Rundhölzer mit dem Durchmesser der Löcher. Diese konnten später wieder leicht ausgeschlagen werden.

Um vor dem Vergießen einen festen Sitz der Bolzenstangen zu garantieren, wurden diese ohne Vergussmasse mit Hilfe der oberen Scheiben und Muttern festgezogen, wobei unten zusätzlich mit Wagenhebern gegengedrückt wurde. Erst nach mehreren Tagen wurde die Mutter und Scheibe oben an der ersten Bolzenstange entfernt und mit Harz langsam vergossen. Nach dem vollständigen Abbinden wurde die nächste Stange vergossen und nach dem gleichen Verfahren die übrigen. Damit das Harz nach unten nicht weglief, wurden unten Bandagen aus dickem Plastikmaterial angebracht, die sich nach dem noch nicht vollständigen Abbinden des Harzes leicht entfernen ließen.

4. Die Außenhaut des Rumpfes

In Abschnitt 2 habe ich schon erwähnt, dass der Rumpf von außen nicht so beschaffen war, um ihm eine Naturlackierung zu verpassen. So entschloss ich mich, vor dem Aufbringen des Anstrichs für eine Haut aus einer Glasmatte und Epoxidharz nach dem West-System. Der Balkenkiel sollte nicht überzogen werden. Als Nahtstelle zwischen dem zu überziehenden Bereich und den roh belassenen Balken aus massiven Mahagoni wählte ich die Verleimung nach dem ersten Balken unter dem Rumpf. In die Naht wurde eine Rille gefräst, in die das Ende der Glasfasermatte eingedrückt und verklebt werden sollte.
Der Arbeitsschritt für das Aufbringen der Haut aus Glasmatte mit Epoxidharz war im Verlauf der Renovierung insofern wichtig, als weitere Arbeitsschritte erst danach durchgeführt werden konnten, wie z.B. der Einbau der neuen Ventile und des Taktgebers für die Logge. Die Bohrung für den Echolotgeber musste vor der Epoxidhaut ausgeführt werden, da die Glasmatte bis in die ca. 50 mm messende Öffnung randlich eingelegt werden sollte.

4.1 Materialwahl und Vorbereitung

In Bezug auf die Arbeiten mit Epoxidharz hatte ich mich für das West-System entschieden. Den Ausschlag hierfür gab nicht der hohe Qualitätsstandard, dieser ist ohne Zweifel vorhanden, sondern die Tatsache, dass zur gleichen Zeit mein Bruder an einem Yachtrumpf herumwerkelte und dadurch, sozusagen in der Familie, eine gewisse Erfahrung vorhanden war.
Neben dem Harz und dem passenden Härter sowie der Glasmatte, wollte ich so wenig Zusätze zum Ansetzen von Klebe- und Spachtelmassen wie irgend möglich verwenden. So entschied ich mich für Quarzmehl zum Andicken.

Damit habe ich alle Klebe- und auch Spachtelarbeiten ausgeführt. Das Quarzmehl von West ist meiner Erfahrung nach ein ausgezeichnetes Standardmittel und lässt sich schnell und klumpenfrei anrühren, was nicht bei allen Produkten anderer Fabrikate gegeben ist. Je nach angerührter Konsistenz kann auch leicht über Kopf gespachtelt werden. Nach dem Aushärten ist die Masse gut nachzuarbeiten, wobei in der Regel Schleifarbeiten anfallen.

Vor Beginn aller Arbeiten mit Epoxidharz sollte alles benötigte Werkzeug griffbereit vorhanden sein. Ich hatte mir die nachstehend aufgeführten Hilfsmittel besorgt:

1. Epoxidharz in der benötigten Menge, bestehend aus dem Harz und dem Härter. Je nach Verarbeitungstemperatur und Größe der zu behandelnden Flächen, habe ich zwei verschiedene Härter benutzt.

2. Entsprechende Dosierpumpen. Ich habe immer mit einem kleineren Arbeitsgefäß und mit einem Vorratsbehälter zum Nachfüllen gearbeitet.

3. Anrührbecher für Spachtel- und Klebemasse. Hierfür benutzte ich Behälter aus durchsichtigem Kunststoffmaterial, wie sie auch in der Lebensmittelbranche üblich sind; zu kaufen im Gastronomiebedarf (Wo? Auf dem Wochenmarkt nachfragen, Gelbe Seiten).

4. Zum Anrühren verwendete ich Zungenspachtel, wie man sie in der Apotheke bekommt, Packungen zu 100 Stück.

5. Latexhandschuhe, in der Großpackung, ebenfalls aus der Apotheke.

6. Für großflächige Arbeiten Lackierwannen und entsprechende Rollen, wie sie im Baumarkt angeboten werden.

7. Tapetenmesser und diverse Kunststoffspachtel.

8. Einwegoverall für alle am Beschichten beteiligten.

4.2 Überziehen des Rumpfes

Für die folgenden Arbeiten sollte mindestens eine geschickte Hilfe zur Verfügung stehen. Besser noch eine dritte Person, die als Mischer für das Harz zuständig ist. Die später aufzubringenden Glasmatten sollten schon zugeschnitten vorliegen. Hilfreich ist es, wenn die Matten z.B. vom Bug zum Heck übereinander gelegt werden, mit dazwischen liegenden großen Papierblättern, auf denen noch die aufeinander folgenden Nummern der Bahnen vermerkt werden. Die Matten sollten so zugeschnitten werden, dass die Ränder einige Zentimeter überlappen. Löcher und Ausrisse müssen vor Beginn der Arbeiten gespachtelt sein. Wenn dies bereits vor einiger Zeit geschehen ist und die Spachtelmasse schon völlig abgebunden hat, dann muss sie leicht angeschliffen werden.
Eine gute Vorbereitung ist für das Gelingen der Arbeiten Voraussetzung.
Auf das rohe Sperrholz kommt eine erste Schicht Epoxidharz, aufgetragen mit der Rolle. In diese Schicht sollte noch keine Glasmatte eingebracht werden, da aus den Poren des Holzes Luft verdrängt wird, was zu teils starker Blasenbildung führen kann. Jede Holzoberfläche kann anders reagieren, so sind diese ersten Schritte eine Erfahrung mit dem Material. Nur so viel Harz auftragen, dass sich keine Laufnasen bilden. Wir haben bei Beginn der Arbeiten ziemlich Lehrgeld zahlen müssen.
Nach dem Gelieren des Harzes kann die Oberfläche begutachtet werden. Wir hatten in das noch ausgasende Holz bereits eine Matte zur Probe eingebracht. Diese musste nach einigen Stunden wieder abgezogen werden, weil sich unter der Matte zu viel Luftblasen gebildet hatten. Daraufhin wurde an diesem Tag der ganze Rumpf mit einer Schicht Epoxid überzogen. Tags darauf wurde geschliffen und zwar mit Schleifpats, auch Scotchschwämme eignen sich hierfür, da das Harz ja noch nicht durchgetrocknet ist.

Nun wurden die Glasmatten aufgebracht. Man arbeitet von oben nach unten. Gutes Licht ist wichtig, damit Luftblasen nicht übersehen werden. Meistens lassen Blasen sich herauswalzen oder mit den Fingern herausmassieren. Hier spielt natürlich die Dichte der Glasmatte eine Rolle. Doch noch übersehene Blasen wurden später aufgeschnitten und mit Mattenfetzen geringerer Dichte mehrfach überklebt.

Die Matten wurden so aufgebracht, dass sie überlappten. Nachdem das Harz eine bestimmte Konsistenz erreicht hatte, kam das Tapetenmesser zum Einsatz (Einwegmesser benutzen, da die Messer leicht verkleben). In der Überlappungszone wurde ein Schnitt durchgeführt, der obere Lappen weggeklappt und der untere vorsichtig abgezogen. Nach dem Zurückklappen und sorgfältigen Anreiben entsteht eine Naht auf Stoß.

Die obere Seite der Matte wurde in der Kimme des Süllbords abgeschnitten und sorgfältig angerieben Wo sich die Matten an den Wölbungen des Rumpfes trafen wurden sie so geschnitten, dass sie ca. 5 cm überlappten. Diese Stellen wurden später gespachtelt. Im Bereich des Kiels erfolgte der Schnitt in der erwähnten Kielfuge unterhalb des zweiten massiven Kielbalkens. Auch diese Fuge wurde später gespachtelt.

Wo gespachtelt werden musste, erfolgte dies in die noch etwas klebrige Oberfläche.

Danach konnte die Fläche durchtrocknen.

4.3 Einbau der Borddurchführungen

Vor den verschiedenen Ventilen müssen zuerst die Borddurch-
führungen eingebaut werden. Ich habe mich für Teile aus Rot-
guss entschieden. Toilettenauslauf und alle Abläufe für das
Plichtwasser und die Pantry in $1^1/_2$ Zoll. Toilettenspülung und
Seewasservorspülung in der Pantry sowie Motor Seewasser-
kühlung in $^3/_4$ Zoll.
An den genau festgelegten Stellen wurde mit einem kleinen
Bohrer (ca. 2,5 mm) die Außenhaut durchbohrt. Die kleine
Bohrung diente als Ansatz für die Zentrierspitze eines entsprechenden Forstner-Bohrers. Danach erst von innen einige Millimeter aufbohren und dann von außen vorsichtig durchboh-
ren. So werden Ausrisse an der Innenhaut vermieden.
Die Durchführungen habe ich mit Epoxidharz, eingedickt mit
Quarzmehl, eingeklebt. Dazu sollte der Bereich der Außenhaut
um die Bohrungen noch klebrig sein oder er muss aufgeraut
werden. Von innen wird mit den zum Durchlass gehörenden
Muttern gekontert, ebenfalls über einer Epoxidharz Verklebung.

5. Kajüte außen und innen

Bei allen Arbeiten habe ich darauf Wert gelegt, die originalen Teile nach Aufbereitung wieder zu verwenden. Der Original-zustand sollte, so weit dies möglich war, erhalten bleiben.
Beim Abziehen der alten Naturlackierung habe ich ziemlich herumexperimentiert, sollte doch in mancher schwer zugängli-chen Ecke neu lackiert werden, natürlich transparent.
Bewährt haben sich zum Abziehen des alten Lacks Messer aus Stahl, deren Schneide mit einem elektrischen Rotationsschleif-stein senkrecht angeschliffen werden. Es entsteht so ein Grad in Drehrichtung des Schleifsteins. Diese stumpfe Messer-schneide mehr oder weniger senkrecht über das abzuziehende Holz mit dem Grad voran ziehen. Mit der Messerspitze kommt man auch in Ecken. Häufig das Werkzeug leicht nachschlei-fen, so das der Grad immer wieder neu gebildet wird. Die Feinheit des Grades richtet sich nach der Körnung des Schleif-steins. Für größere Flächen kann man natürlich auch ein han-delsübliche Abziehblech benutzen, das auf die oben beschrie-bene Weise angeschliffen wird.
Die abgezogenen Flächen werden mit einem Vibrationsschlei-fer nachgearbeitet.

5.1 Neue Fenster

Mit dem Kajütaufbau war ich in einigen Details unzufrieden. Das betraf einmal die Kajütfenster zu beiden Seiten der Pantry und die Verarbeitung der Trennung zwischen Kojen und Pantry mit eingebauten Griffausschnitten. Die Anschlüsse an die Bordwände und die Decke waren unsauber gearbeitet.
Die hintereinander liegenden Kajütfenster bestanden aus zwei Scheibensätzen, die wohl einem VW-Käfer entstammten. Mein Geschmack war das nicht. Außerdem waren die Gum-midichtungen schon ziemlich marode.

Die alten Scheiben habe ich herausgenommen. Die neuen sollten eine rechteckige Form bekommen und mit MS-
Polymerdichtmittel eingesetzt werden. Im Glasfachhandel ließ
ich mir aus 6mm Hartglas die gewünschten Scheiben anferti-
gen. Dazu ebenfalls im Fachhandel entsprechend große Ab-
deckrahmen aus Edelstahl V4A, natürlich mit entsprechenden
Überständen für die Befestigungen.

**Abb. 6: Die neuen Fensteröffnungen in der Kajütwand.
Die Form der alten Scheiben ist noch nachvollziehbar**

Die alten Fensteröffnungen wurden mit eingepasstem Sperrholz entsprechender Stärke ausgefüllt und von innen wurde
dann eine über die ganze Wand reichende Sperrholzplatte von
4 mm in zwei Teilen dagegen geklebt. Die Fuge zwischen den
beiden Teilen lag etwa in der Flucht der Trennwand zwischen
Kojen und Pantrybereich. Diese Fuge wurde mit einer Aus-
gleichsleiste formschön überdeckt und in die Trennwand mit
den Griffaussparungen eingearbeitet.
Für Innen wurde ein Rahmen als Gegenlager für die Scheiben
gefertigt. Das Einsetzen der Scheiben erfolgte in zwei Schrit-
ten.

Zuerst wurden kleine Distanzscheiben aus Gummi, Stärke etwa 2mm, mit einem Locheisen gestanzt und von außen gegen den Überstand des Holzrahmens mit Sekundenkleber befestigt. Diese Distanzstücke sollen ein völliges Auspressen der Dichtungsmasse verhindern. Danach wird die Scheibe nach Aufbringen der Dichtungsmasse eingesetzt. Mit etwas Fingerspitzengefühl wird nur so viel Masse verwendet, dass nicht zu viel innen herausquillt, anderseits die Klebefläche aber ganz ausgefüllt wird. Es ist zweckmäßig, die empfindlichen Holzteile von innen abzukleben.

Für das Handhaben der Scheiben sind Unterdruckgriffe aus dem Baumarkt hilfreich.

Überschüssige Klebmasse wird noch vor der Hautbildung mit einem Kunststoffspachtel abgetragen. Danach wird der verbliebene Spalt zwischen Glasscheibenrand und Holz ausgefüllt und geglättet. Die Scheibe sollte jetzt bündig mit der Außenwand sein. Die Klebmasse kann jetzt abbinden.

Ein kleiner Trick: Die Scheiben sind verhältnismäßig schwer, sie werden nach unten rutschen, wenn der Spalt zwischen Scheibe und Ausschnitt in der Kajütwand zu groß geraten ist. Das kann mit feinen Hölzchen verhindert werden. Damit sich die Klebeflächen nicht ablösen, habe ich immer mit zwei Unterdruckgriffen gearbeitet. Die Griffe auf beiden von innen so auf der Scheibe positionieren, dass ein Stab hindurch gesteckt werden kann. Abstandhalter so an den Seitenwänden einpassen, dass die Scheibe von innen leicht angezogen und gegen den Rahmen verpresst wird.

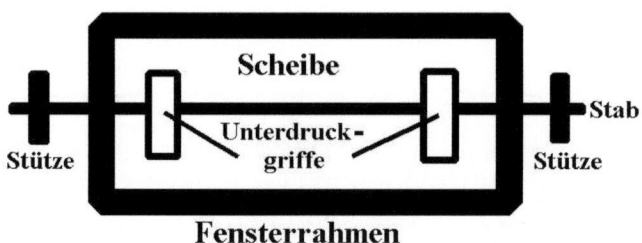

Die Fensterumrandungen aus Edelstahl V4A werden in den Maßen so gefertigt, dass ca. zwei Drittel der Rahmenbreite über der Bordwand liegt und das andere Drittel über der Scheibe. So bleibt für die Befestigungsbohrungen genügend Raum. Wieder sorgen Distanzscheiben aus Gummi unter dem Rahmen für einen gleichbleibenden Abstand von der eingesetzten Scheibe sowie der fluchtenden Kajütwand.

Die anderen Fenster des Kajütaufbaus sind nicht umgearbeitet worden. Die gebogenen Plexiglasscheiben nach vorn wurden erneuert und zum Schutz gegen UV-Licht mit einer Absorbierenden Folie überzogen.

5.2 Kombi-Griffleiste

Über den neuen Fenstern im Bereich der Pantry und oberhalb der angrenzenden Kojen wurde eine Griffleiste mit jeweils zwei eingelassenen Strahlern und einer Schiene für Fenstervorhänge angefertigt. Die zur Befestigung notwendigen Schrauben 8 x M5 wurden von außen in der entsprechenden Höhe so angebracht, dass sie später innerhalb der Griffausschnitte lagen. Die außen liegenden Schraubenköpfe wurden leicht versenkt und mit eingeklebten Pfropfen abgedeckt.

Die versenkbaren Strahler mit Halogenlampen, Sockeltyp G4 fand ich nach einigem Suchen im Baumarkt. Material goldfarbig eloxiertes Aluminium und geringe Einbauhöhe. Ausgerüstet waren diese Strahler mit 20 W Birnen. Wegen der Wärmeentwicklung habe ich diese Halogenbirnen gegen solche mit 10 W ausgetauscht. Heute würde man LED-Leuchten einbauen.

Für die Fräsarbeiten benutzte ich einen Langlochfräser und einen Forstnerbohrer für die Lampenausschnitte. Schlitze für die Kabel wurden mit der Kreissäge auf der Rückseite eingefügt. Ebenso der Schlitz für die Führungsschiene der Vorhänge.

Kippschalter wurden nach vorn hin angebracht. Material der Verschraubung, Messing verchromt, wie im Elektronikhandel erhältlich.

Abb. 7: Griffleiste mit eingelassenen Strahlern hier an der Steuerbordseite. Rechts unten der Schaltkasten für die elektrische Verteilung und darüber die Solarregler

(Der kleine rechteckige Kasten an der Bordwand links über dem Schalterkasten deckt die Rückseite des Kombi-Logs ab)

5.3 Deckenverkleidung

Die Kajütendecke besteht aus 6mm Sperrholz über 6 Spanten zur Aussteifung. Das Schälfurnier des Sperrholzes passte nicht zum Sägefurnier der Wände. Das wurde geändert indem jeweils eine genau eingepasste Sperrholzplatte von 2 mm mit entsprechendem Furnier eingeleimt wurde. Da die Spanten nicht immer genau den gleichen Abstand hatten und wegen der Wölbung der Decke fertigte ich Schablonen aus Pappe an. Nach diesen Schablonen wurden dann die Sperrholzstreifen zugeschnitten. Eine Puzzelarbeit, aber mit einem schönen Ergebnis. Ein Teil der Decke ist in Abb. 7 zu sehen.

5.4 Toilettenraum

Der ursprüngliche Toilettenraum war sowohl gegen die Hauptkabine als auch gegen die Schlafkojen im Vorschiff lediglich durch Vorhänge abgetrennt. So lange man allein segelt mag dies akzeptabel sein. Wenn jemand im Vorschiff schläft, geht das nicht mehr.
Der Toilettenraum wurde gründlich umgestaltet, natürlich nur soweit die Platzverhältnisse dies zuließen.
Gegenüber der Toilette befindet sich auf der Backbordseite ein kleiner Kleiderschrank. Die Segmente der Türen sind, wie alle Türklappen im Boot, mit einem Geflecht aus Rattan bespannt (sog. Wiener-Stuhlgeflecht). Dieses Geflecht hat den Vorteil, dass alle dahinter liegenden Räume jederzeit gut durchlüftet werden, außerdem sieht es gut aus. Die originale Bespannung war und ist direkt in die Klappen hineingeflochten. Wenn ich Klappen und Türen nachgearbeitet habe, so habe ich das Material als Rollenware erstanden, dann entsprechend zugeschnitten und eingearbeitet (erst Arbeitsanleitungen etc. besorgen).

(a)   (b)

Abb. 8: Tür und Klappenbespannungen mit Rattangeflecht
(a) Klappentür Rückseite   (b) Gefache der Schranktür

Wegen der beengten Platzverhältnisse wurde die Tür zur
Hauptkabine hin als Falttür gearbeitet. So war sie im zusam-
mengeklappten Zu-
stand kaum im Wege.

Abb. 9: Klapptür zum
Toilettenraum. Deutlich
ist das Klavierband für
die Faltung zu sehen

Die zweite Tür wurde als Kombitür gestaltet. Im geöffneten Zustand verschließt sie den Bereich des Vorschiffs und im geschlossenen Zustand verschwindet dahinter das Toilettenbecken nebst Installationen.

Abb. 10: Tür zum Vorschiff geschlossen. Rechts die eingeklappte Tür zur Kabine. Dahinter ein Teil der Toilettenabdeckung und der vor der Toilette angebrachte Fäkalientank

Zwei Lüfter, einer mit Ventilator im Toilettenraum, der andere im Durchgang, sorgen für eine ordentliche Ventilation.
Die Toiletteneinrichtung selbst ist eine JABSCO Pumptoilette, vor die ein kleiner Fäkalientank gesetzt ist. Mit dieser Toilette hatte ich nie Probleme. Der Fäkalientank lässt sich gut zuschalten bzw. leeren über eine einfache Pumpenumschaltung. Eine Absaugung des Fäkalientanks von außen ist ebenfalls eingebaut.
Nach langem Stillstand (Winterlager) streikte die Spülung des öfteren, weil das Wasser aus dem Spülzulaufschlauch in das Becken abgelaufen war. Das System liegt unter der Wasserlinie. Über das Belüftungsventil (Lippen- bzw. Snuffelventil)

muss dann mit einer Spritzflasche Wasser nachgefüllt werden. Vorsicht beim Lösen der Verschraubung und beim Herausnehmen dieses Gummieinsatzes. Das kleine Teil macht sich gerne selbständig.

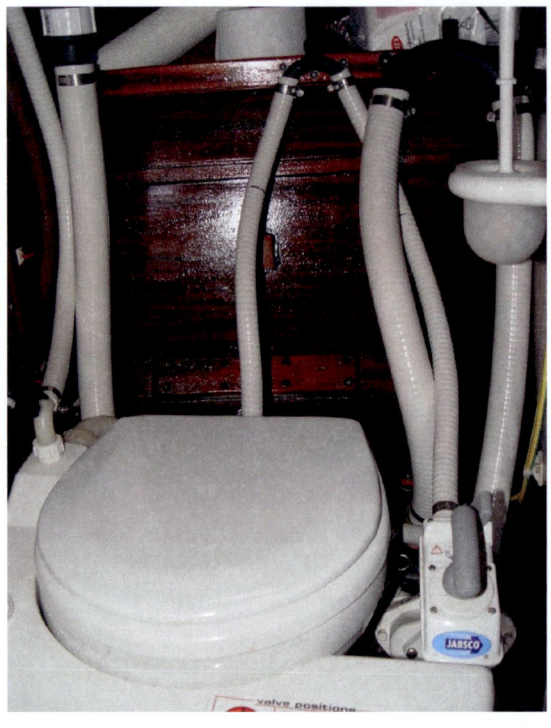

Abb. 11: Toilette mit Installationsinventar. Rechts oben die Entlüftungsventile für Spülung und Entleerung. Links Absaugschlauch mit Rückschlagventil und Entlüftung des Fäkalientanks

Die Ein- und Auslassventile der Toilettenanlage sind als Kugelventile ausgeführt. Sie befinden sich hinter dem Becken. Aus Sicherheitsgründen werden die Ventile bei Nichtgebrauch der Toilette geschlossen gehalten. Es wurde bereits an anderer Stelle darauf hingewiesen, dass die Ventile sich unter der Wasserlinie befinden.

5.5 Vorschiff - innen

Unter der Liegefläche im Vorschiff liegt der Wassertank. Mittig eingepasst zwischen Versteifungen längs und quer. So besteht unter den Platten der Liegefläche noch Stauraum zu beiden Seiten des Tanks. Der Tank fasst 150 Liter und besteht aus Kupferblech. Direkt hinter der Schottwand an Backbord läuft der Befüllschlauch nach außen, ist aber kaum im Wege. Neben der Tankverkleidung sind die Kabel zum Bug verlegt, für Ankerwinde und Steuerung.

Zugang zur Bugspitze gibt es über eine Klappe. Hier befindet sich auch der Platz für die Ankerkette. Im Urzustand wurde die Kette einfach durch eine Klüse in den Spitzkasten gelassen. Ich habe eine elektrische Ankerwinde eingebaut. Die Kette wird nun in einen stabilen Eimer geleitet, aus dem das Tropfwasser abgesaugt werden kann.

Über den Platten von Tank und Stauraum liegen die Polster der vorderen Koje. Eine große Luke führt nach außen und kann als Notausstieg dienen. Gegen die Bordwände sind noch 4 cm starke Polster gestellt, zur Wärme- und Geräuschdämmung.

Abb. 12: Blick auf die Vorschiffkoje. Rechts vorn die Tür vor der Toilette geschlossen. Hinten Klappe zum Bugraum. Rechts an der Bordwand Seitenpolster

5.6 Pantry (kochen, waschen, kühlen)

Die Pantry wurde nach den Möglichkeiten, die der Raum und die alte Aufteilung zuließen, umgestaltet. Als ich das Schiff übernahm, gab es auf der Backbordseite einen Gaskocher und auf der Steuerbordseite eine Waschschüssel mit Fußpumpe.

Die Gasflaschen für den Kocher waren ohne Sicherheitsbehälter unter den Sitzen in der Plicht gelagert.

Da ich jeden Sommer für mehrere Monate im Mittelmeer unterwegs sein wollte, waren meine Ansprüche schon etwas höher als durch den Altbestand vorgegeben.

Der Platz für neue Einbauten war natürlich vorgegeben. Ein handelsüblicher Kühlschrank passte nicht in die Pantry, weder auf der Steuerbordseite noch auf der Backbordseite. So habe ich eine einfache Camping Kühlbox umgebaut und neben dem Waschbecken an Steuerbord eingebaut. Die Kühlung in der Box erfolgte über einen Plattenverdampfer, der durch ein Kompressoraggregat betrieben wurde. Das Aggregat selbst ist im Steuerbord-Plichtkasten untergebracht und wird mit Luft gekühlt.

 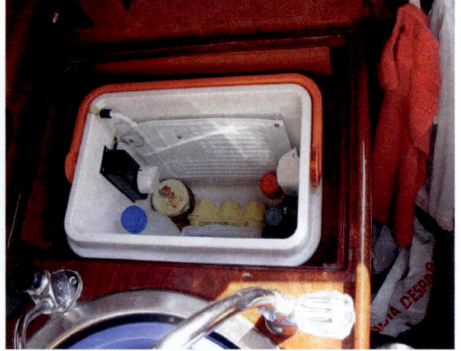

Abb. 13: Pantry Steuerbordseite. Links die abgedeckte Kühlbox mit dem runden Waschbecken und einem Satz Waschschüsseln. Rechts die geöffnete Kühlbox

Das Waschbecken ist ein handelsübliches rundes Einbaube-
cken aus Edelstahl. Einige Monate habe ich das Wasser aus
dem Tank über eine Fußpumpe gefördert. Leider war dann die
Membran kaputt, und ich habe die Pumpe durch eine einfache
elektrische Trinkwasserpumpe mit Startautomatik (beim Öffnen des Wasserhahns) ersetzt. Diese Pumpe ist an Gummibän-
dern aufgehängt und mit einem Vorfilter versehen. Zur Vor-
spülung mit Seewasser gibt es noch eine kleine Handpumpe
(Abb. 13 hinter dem Becken rechts). Heute würde ich auf dieses Utensil verzichten, da die Wasserqualität in den Häfen so-
wieso übel und in Buchten auch nicht besonders gut ist. Das
Wasser für die Vorspülpumpe wird auf der Backbordseite ent-
nommen, weil sich direkt unterhalb des Waschbeckens und
der Kühlbox der Brauchwasserauslauf befindet.
Über der Abdeckung der Kühlbox liegt ein großes Schneide-
brett (Abb. 13   links). Hinter den Schiebetüren unter der
Wascheinrichtung ist noch ein herausziehbares Fach eingebaut, auf dem die Utensilien für einen Kaffee untergebracht
sind: Kaffeemühle, Kanne und Filtertüten. Kaffeefilter gleich
rechts daneben. Jeder Raum musste zweckmäßig ausgenutzt
werden.

Abb. 14: Auszug auf der Sb-Seite unterhalb des Waschbeckens

Auf der Backbordseite gibt es eine ähnliche Konstruktion. Hier sind die Töpfe untergebracht. Ineinandergestellt und gegen ein Verrutschen gesichert (Abb. 16b). Ich benutze für diese Zwecke Gummistrippen und aus Holz gearbeitete Haltevorrichtungen, die sich einfach herstellen lassen.

Über den Töpfen liegt die Schublade für Bestecke und anderes Küchenzubehör (Abb. 15a). Neben dem Topfauszug links sind Teller und Schüsseln in Gestellen gegen Verrutschen gesichert.

 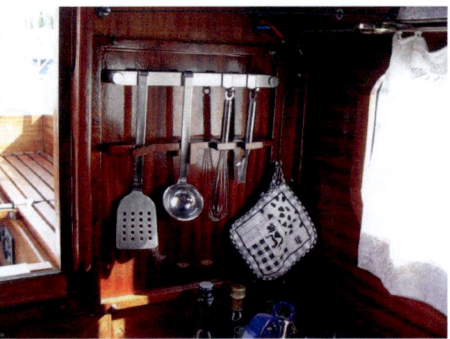

Abb. 15: a) Teller in Halterung b) Küchenzubehör an der Bordwand über der Kochstelle

Abb. 16: a) Gesamtansicht der Kochstelle auf der Bb-Seite. Links im Bild ein Teil des Niedergangs. Hinter dem Gaskocher Tassen, Gläser und Gewürze b) Unter dem Besteckkasten sind im Auszug die Töpfe in Halterungen untergebracht

6. Stabdecksanierung

Dieser Arbeitsabschnitt war wohl der Schweißtreibendste und bestand aus mehreren aufeinander folgenden Arbeitsgängen.
1. Ausräumen der Dichtungsmasse aus den Stabdeckfugen
2. Einbringen der Antihaftung auf den Fugenboden
3. Stabdeckergänzung auf dem vorderen Kabinendach
4. Ausspritzen der Stabdeckfugen und Schleifarbeiten

6.1 Ausräumen der Stabdeckfugen

Dieser Arbeitsgang erschien mir relativ einfach, nach dem ich auf der Hamburger Bootsmesse ein entsprechendes Werkzeug bei einer Arbeitsdemonstration entdeckt hatte. Es war ein Zusatzteil zur Vibrationssäge der Firma Fein (Fein Multimaster) und zwar hierbei ein spezielles Fugenmesser. Wobei es für verschiedene Fugenbreiten entsprechende Messer gibt.
Die Vorführung auf der Messe war super und ich war begeistert. Bei der Demonstration wurde die Vergussmasse virtuos aus den Fugen geschnitten. Ich habe mir sofort den ganzen Werkzeugkoffer gekauft, er war nicht ganz billig. Eigentlich habe ich es nie bereut dieses Werkzeug, d.h. die Vibrationssäge gekauft zu haben, die Fugen habe ich dann allerdings auf andere Art ausgeräumt, denn oft sind mir die Messer bei der Arbeit abgebrochen, bzw. sie haben sich seitlich in die Leisten gezogen. Es ist doch ein Unterschied, ob man ein handliches Teil im Stehen bearbeitet oder ob man auf Knien rutschend und in Kauerstellung arbeitet.
Nach einigem Probieren habe ich mir einen Stechbeitel gekürzt und auf Fugenbreite geschliffen. Mit diesem Gerät habe ich die Fugen gewissermaßen ausgehobelt. Senkrecht in die Fuge einführen und dann kräftig durch diese ziehen. Anstrengend, aber effektiv.
So habe ich innerhalb von einigen Tagen das ganze Stabdeck

von der aus Silikon bestehenden Fugenmasse befreit. Die Flanken der Fugen müssen sorgfältig gesäubert werden, damit später die neue Vergussmasse gut an den Flanken haftet. Alle entstehenden Krümel absaugen, denn Silikon ist ein Ärgernis bei jeder Lackierung.

In die gesäuberte Fuge wird ein Anti-Haftband eingelegt. Dies ist ein Plastikstreifen, der verhindern soll, das dass neue Fugenmaterial am Boden der Fuge haftet. Vermeidung einer sogenannten Dreiflankenhaftung. Die seitlichen Flanken können zur besseren Haftung der neuen Füllmasse mit Haftgrund gestrichen werden.

a)   b)

Abb. 17: (a) Die ausgeräumten Stabdeckfugen werden am Grund mit Antihaftband belegt (im Vordergrund ein handelsübliches Abrollgerät für das Band). Danach werden die Stäbe bis zum Fugenrand mit Malerband abgeklebt   (b) Bis zum Verfugen wird das Deck nun durch eine Schicht dickes Packpapier geschützt

6.2 Stabdeck - neu

Das Kabinendach war im originalen Zustand mit einem Verbundwerkstoff aus synthetischem Gummi und Kork beklebt. Das Material war mit der Zeit rissig geworden. Es sollte durch ein Teak-Stabdeck ersetzt werden. Dazu musste zuerst die alte Luke erneuert werden. Wegen der Rundungen eine nicht ganz einfache Aufgabe. Den Sockel für die neue Luke habe ich aus

Abb. 18: Kabinendach mit Platz für den Mastfuß, Ausschnitten für Lüfter und dem Sockel für die Luke. Das ganze Deck ist mit einer Schablone aus dicker Pappe belegt. Deutlich sind auf beiden Seiten die Anker für das stehende Gut (Mastverspannung) zu sehen

8 Teilen gefertigt, die untereinander verzapft sind. In Abb. 18 ist dies gut zu erkennen.

Da das Deck nicht vollständig symmetrisch war, habe ich, um den optischen Ausgleich sicher zu stellen, mit Schablonen-Leisten an den kritischen Stellen gearbeitet. Die Flucht der Leisten wird bestimmt durch die links und rechts an die Luke grenzenden Elemente: n-Leisten und n+1 Fugen.

Abb. 19: Schablonenleisten auf dem Kabinendach. Die kleinen rechteckigen Holzklötze dienen zum Befestigen der Leisten nach der Ausrichtung. Sie werden im laufenden Text beschrieben.
Mastfuß und Luke sind probeweise eingefügt

Das Kabinendach besteht aus 8 mm Sperrholz. Die Teakleisten für den Belag sind 4 mm dick. Die Leisten wurden auf dem Dach mit Hilfe von rechteckigen Klötzchen aus Hartholz befestigt. Diese sind in der Mitte durchbohrt und werden mit Senkkopfschrauben in der Fuge zwischen zwei Leisten verschraubt. Dabei wird die Schraubenlänge so gewählt, dass das Deck nicht durchbohrt wird. Hier also kleiner als 8 mm + 4 mm + Klötzchenstärke. Mit Hilfe der Tiefe des Versenkungskonus im Klötzchen kann die Einschraubtiefe sehr genau eingestellt werden. Die Klötzchen werden später beim Verkleben der Leisten wieder verwendet. Leistenposition und Form wurden auf der Schablonenpappe vorgezeichnet. Nach dem Einfügen der Hilfsleisten wurde das Schablonenteil der Pappunterlage mit einem Tapetenmesser abgetrennt. Die Hilfsleisten habe ich dann einzeln abgenommen, kopiert und die Originale dann auch einzeln verklebt. Zum Verkleben wurde einkomponentige Fugenmasse auf Polyurethanbasis verwendet. Es ist auf eine blasenfreie Klebeschicht zu achten. Wird mit einer Auspresskartuschenpistole gearbeitet, so sollte der Kolben nach jedem Auspressvorgang entspannt werden, das verhindert ein allzu starkes Nachlaufen der Masse. Das Endergebnis der Arbeit kann sich sehen lassen.

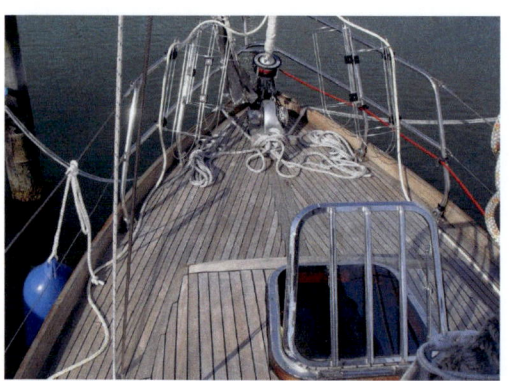

Abb. 20: Blick auf das neu verlegte Stabdeck im Bereich der Luke. Das Deck im Bugbereich ist restauriert

Nach dem Verlegen aller Leisten und Aushärten der Verklebung wurden zuerst die Fugen des neu belegten Decks ausgespritzt. Auf ein Abkleben der Fugen mit Klebeband und auf das Einlegen des Bandes gegen die Bodenhaftung habe ich hier verzichtet, wegen der geringen Tiefe der Fugen und weil ich hier die Oberfläche etwas stärker abgeschliffen habe. Außerdem sollte die Vergussmasse so tief wie möglich in die Bohrlöcher der Halteklötzchen in den Fugen eingepresst werden.

Das Ausfüllen der Fugen erfolgte mit der schon oben erwähnten Kartuschenpistole. Die Fugenmasse sollte nicht zu reichlich bemessen werden, damit beim Glätten nicht zu viel Material austritt. Die Länge der auszuspritzenden Fuge sollte so bemessen werden, dass sich vor dem Glätten keine Hautbildung zeigt. Das Material wird mit einem Spachtel in die Fuge gepresst. Spachtel langsam flach über die Fuge ziehen, Lufteinschlüsse vermeiden.

Nach diesem Arbeitsgang muss das Material gut aushärten. Unter Aufnahme von Feuchtigkeit wird aus der plastischen Dichtmasse ein dauerelastisches Plastomer, gut UV-beständig, seewasserfest und überstreichbar, um einige Eigenschaften zu nennen.

Das Verfugen des übrigen Stabdecks erfolgte wie beschrieben.

6.3 Fugen schleifen

Für das Schleifen der Fugen habe ich einen leichten Einhand-Winkelschleifer benutzt. Auf einem Gummiteller wird ein recht grobes Schleifblatt eingesetzt. Aber Vorsicht! Jede Verkantung hinterlässt eine unschöne Macke. Wer sich den Einsatz des Winkelschleifers nicht traut, kann auch einen Rotationsschwingschleifer benutzen. Dieses Gerät habe ich nur für das feine Nachschleifen verwendet, dann mit entsprechend geringerer Körnung. Die in Abb. 17 gezeigten Abklebungen wurden vor dem Schleifen entfernt. Für das Abziehen des Bandes muss der richtige Zeitpunkt während des Plastisierungsvorganges gewählt werden, damit kein Material aus der

Fuge herausgezogen wird. Das Verfahren habe ich erst einmal geübt. Bevor das gesamte Stabdeck in Angriff genommen wurde, habe ich mir die massive Luke über dem Heckstauraum vorgenommen. Dieses Teil, etwa 80 x 80 cm, konnte ich abnehmen und nach Bedarf die einzelnen Techniken daran üben.

Nach dem Ausspritzen und Schleifen der Stabdeckfugen wurden die Durchbrüche für die elektrische Ankerwinsch, den Haupttank und die Fäkalienabsaugung ausgeschnitten. Bei bereits vorhandenen Durchbrüchen muss ein den Rand abdichtendes Furnierband oder ähnliches in die Aussparungen eingesetzt werden. Dies verhindert ein Absacken der plastischen Masse in den Ausschnitt.

7. Elektrik

Die alten Kabel, teilweise mit schon brüchiger Ummantelung, wurden vollständig entfernt. Genauso die alten Bleibatterien, die nicht auslaufsicher waren. Jeder Anschluss wurde mit möglichst verdrillten Kabeln zu einem zentralen Verteiler geführt, der in einem leicht zugänglichen Schalt- und Sicherungskasten untergebracht ist.

7.1 Batterien

An Stelle der alten Batterien wurden 2x 12 V 105 Ah AGM-Batterien eingebaut. Diese Batterien sind sehr robust und auslaufsicher. Das Elektrolyt ist bei dieser Bauart in Glasmatten gebunden (Absorbed Glass Mat). Beim Laden findet keine Entgasung nach außen statt, die Selbstentladung ist minimal. Die Batterien sind relativ unempfindlich gegen unterschiedliche Ladekennlinien, was bei mir wichtig war, da ich die Batterien öfter direkt über einen Konverter (Stromgenerator) aufgeladen habe.

Über einen Hauptschalter (in Abb. 23 unten links) können die beiden Batterien parallel oder getrennt an das System gelegt werden. Die Sicherungen für jede der Batterien befinden sich direkt neben den Batterien am Einbauort auf einer Trageleiste.

Abb. 21: Batterie an Steuerbord. Die Sicherung (100A) direkt über der Batterie.
Die Batterie ist auf einem Tragerost festgezurrt (mit den hellblauen Gurten)

Der Querschnitt der Kabel richtet sich nach der Art der Verbraucher. Kabel, Kabelschuhe etc habe ich mir über den örtlichen Elektrohandel besorgt.

7.2 Blitzschutz

Das gesamte stehende Gut, die Reling und alle Ventile wurden mit dem Bleiwulst des Kiels verbunden. Da der Mast nicht direkt über dem Stützrohr (Abb. 9 ganz rechts im Bild. Mit Hilfe von verleimten Furnierlagen verkleidet.) zwischen Kabinendach und Kiel liegt, musste ein Kabel zur Überbrückung eingebaut werden. Ich habe hierzu ein Litzenkabel von 32 mm² verwendet, das mit einem entsprechenden Polschuh unten im Mastnut befestigt und von hier zu einem weiteren Polschuh am Stützrohr geführt wurde. Das Stützrohr wurde dann mit den Kielbolzen mit Hilfe eines normalen Erdungskabels, wie es auch für die Erdung von Antennenmasten auf Hausdächern benutzt wird, verbunden. Auch der Motor und alle Rotguss-ventile wurden auf diese Weise "gewässert". Im Laufe des Gebrauchs stellte sich dann ein kleines Problem heraus, mit dem ich nicht gerechnet hatte. Nach starken Regenfällen bilde-te sich im Innenraum im Bereich des Stützrohrs regelmäßig eine Wasserpfütze. Der Grund war das Erdungskabel. Durch die Kapillarität des Litzenkabels wurde Wasser durch die Lit-ze regelrecht gesaugt und tropfte dann an der Innenseite auf den Boden. Zur Abhilfe verschmierte ich das äußere Ende der Litze mit Stabdeck-Vergussmasse.

7.3 Landanschluss

Das Landanschlusskabel sollte mindestens 20 m lang sein. Landseitig ein CEE -Stecker an einem 3-poligen Kabel mit 2,5 mm^2 Querschnitt. Bordseitig habe ich eine Winkelsteckdose der Firma Philipi eingebaut. Selbstredend muss das Landan-schlusskabel dann entsprechend ausgerüstet sein. Die erwähn-ten Dosen und Stecker lassen sich jeweils durch Kappen was-serdicht verschließen. Über einen Sicherungskasten mit FI-Schalter und 16 A Sicherung wurde die Leitung zu einer innen liegenden Schuko-Steckdose im Pantrybereich geführt. Ein anderer Zweig versorgte ein 12V Ladegerät. Der Ausgang kann von Hand über Bananenstecker an das 12V Bordnetz an-geschlossen werden. Der an Bord mitgeführte Inverter ist über ein entsprechendes Kabel so ausgerüstet, das eine Einspeisung von 230 V in das Bordnetz erfolgen kann. Der 12 V Ausgang des Stromerzeugers kann über eine Verbindung zum 12V-Bordnetz zur direkten Ladung der Batterien herangezogen werden.

7.4 Solarstromanlage

Die Solar-Stromversorgung besteht aus 5 Solarmodulen. Von diesen sind zwei jeweils an Sb und an Bb auf dem Kabinendach montiert. Die fünfte Einheit ist auf dem Schiebeluk angebracht. Es wurden dünne, begehbare Paneele ausgesucht, die einen gewissen Biegeradius zulassen, um sie der Dachform anzupassen. Die Gesamtleistung richtet sich nach den zu betreibenden Verbrauchern.
Für mich sind dies in der Reihenfolge der Wichtigkeit:
1. Kühlbox. Veranschlagt 40 Watt bei 45% Einschaltdauer.
Ergibt bei Dauerbetrieb und entsprechendem Ladestrom für den Nachtbetrieb über die Batterien: 432 Wh (Wattstunden) pro Tag.
2. Leselampe: 10 W bei 2 Stunden Einschaltdauer, 20 Wh/Tag.
3. Pantrylicht. 10 W bei 1 Stunde Einschaltdauer, 10 Wh/Tag.
4. Ventilation und Toilettenlicht 1 Stunde an. 15 Wh/Tag.
5. Radio und Instrumente 10 W 12 h machen 120 Wh/Tag.
Das sind zusammen etwa 580 Wh/Tag. Meine Solarmodule bringen bei guter Einstrahlung 4 x 75 Wh und 1 x 140 Wh. Das sind insgesamt 440 Wh. Dank der Mittelmeersonne wurde der Inverter nur alle 2Tage zum Nachladen angeschmissen.
Der Anlassstrom für den Motorbetrieb hat sich durch den Ladevorgang beim Betrieb in etwa ausgeglichen. Ein weiterer Verbraucher, wenn auch kurzzeitiger, ist die Ankerwinsch mit ca. 700 Watt; dann fließen etwa 60 Ampere durch die Leitung. Die fünf Solarzellen wurden zu zwei Einheiten zusammengeschlossen und jeweils zum Solarregler geführt.

Die Zellen auf dem Kabinendach sind dabei parallel zu einer

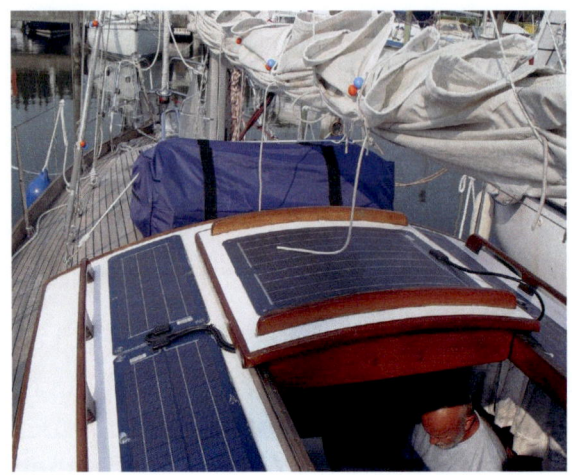

Einheit geschaltet. Die andere Einheit bildet das Modul auf dem Schiebeluk. Die Regler und die Zuführungen sind in Abb. 7 gut zu sehen. Zur Leistungsüberwachung habe ich eine einfache 20W Autolampe eingebaut. Diese kann mit

Abb. 22: Anordnung der Solarzellen auf dem Kabinendach

einem Schalter in den Solarstromkreis gelegt werden. So kann intuitiv über die Leuchtstärke der Lampe die Leistung geprüft werden (links neben den Solarreglern in Abb.7).

7.5 Korrosionsschutz

Um Motor und vom Seewasser benetzte Metallteile vor Korrosion zu schützen sind sogenannte Opferanoden aus Zink eingebaut worden. Dies ist besonders wichtig, wenn längere Zeit am Steg mit elektrischem Landanschluss gelegen wird. Ich habe solche Zink Opferanoden mit Verbindung zur V4A-Ruderstange eingebaut und an der Motorwelle. Während der Liegezeit in Häfen mit Landanschluss habe ich zusätzlich eine große Zinkanode an einem Kupferdraht ins Wasser gelassen. Den Draht habe ich an der Reling befestigt, und damit war die Opferanode mit allen von der Korrosion betroffenen Teilen verbunden und diese geschützt. Den Erfolg sieht man nach einiger Zeit an der stark angefressenen Anode.

8. Dieselmotor Volvo Penta MD 7B

Vor beginn der Renovierungsarbeiten habe ich als erstes den Diesel Einbaumotor ausgebaut und auf einem fahrbaren Gestell gelagert. Zu diesem Zweck wurde am Scheunenbalken direkt über dem Motor eine elektrische Seilwinde entsprechender Tragkraft montiert. Die Seilwinde ist seitlich um etwas mehr als die Schiffsbreite verschiebbar. So konnte der Motor mit seinen 166 Kg vorsichtig aus den Schwingungsdämpfern gehoben und seitlich auf dem Gestell abgesetzt werden. Natürlich muss vor dem Herausheben die Propellerwelle am Getriebe gelöst und die Welle aus der Befestigung nach achtern geschoben werden.

Abb. 23: Dieselmotor Volvo Penta MD 7B. Rechts hinter dem Motor liegt der Seewasserfilter. Rechts unten der Schieber für das Kühlwasser (rot). Über dem doppelten Keilriemen der Ansatz für die Handkurbel zum Start von Hand

Der eingebaute MD7B[1] gehört noch zu einer Serie, die mit einem kombinierten Anlasser/Dynamo ausgestattet ist. In Abb. 23 ist dieses Teil rechts neben dem schweren Schwungrad zu sehen, mit dem es über einen doppelten Keilriemen verbunden ist. Da ich auch die gesamte Elektrik des Motors neu verlegt habe, musste zuvor eine genaue Aufnahme der Verschaltung erfolgen.

[1]Ich bin nicht sicher, ob nicht einiges am Motor von der A-Serie stammt.

Hier zuvor noch einige Motordaten: Der eingebaute MD7B ist ein 2-Zylinder, wie anhand der beiden Einspritzdüsen auf der linken Seite des Motors in Abb. 23 leicht zu erkennen ist. Motorleistung bei 3000 U/min 13 KW. Der Dieselmotor ist selbstansaugend, was eine umständliche Entlüftung bei leergefahrenem Tank erübrigt.

Das einzige Teil, das beim Überholen des Motors ausgetauscht wurde, war der Abgasstutzen, in dem das Kühlwasser und die Abgase gemischt werden.

8.1 Motorelektrik

Die elektrische Verschaltung habe ich übersichtlich rechts neben dem Motor ausgeführt (Orientierung nach Abb. 23), weil auf dieser Seite der Anlasser/Dynamo sowie Thermometer und Öldruckgeber liegen. Außerdem liegt auf dieser Seite (Bb) auch die Fahrschaltung. Abb. 24 zeigt das Prinzipschaltbild der Verdrahtung.

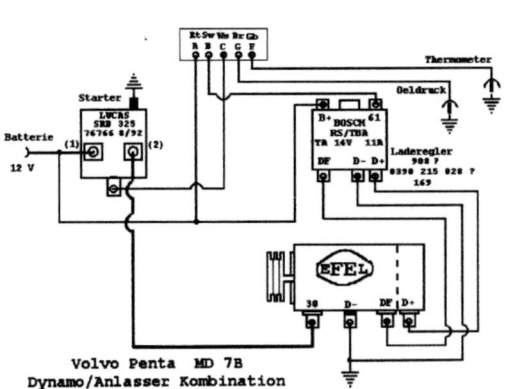

Abb. 24:
Elektrische
Verschaltung des
MD 7B.
Die Anschlüsse A
bis F führen zur
Fahrreglereinheit

Die Ladereglung und die Umschaltung der Kombimaschine Dynamo/Anlasser sind in der Abb. 25 dargestellt.

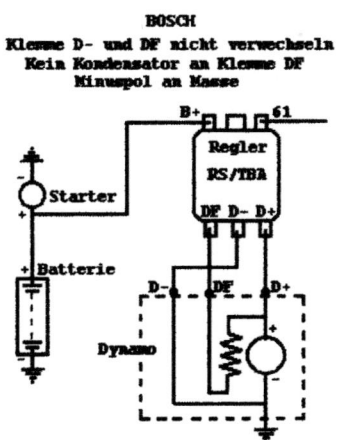

Abb. 25: Der Dynamo wirkt als Anlasser, wenn der Starter betätigt wird (Schlüsselschalter in der Fahrreglereinheit)

Von der in Abb. 24 bezeichneten Anschlussleiste geht es weiter zur Fahrreglereinheit in der Plicht an Backbord.

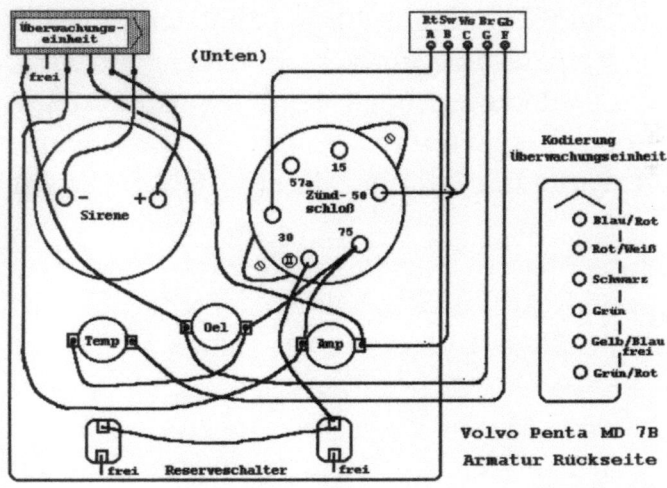

Abb. 26: Rückseite der Fahrreglereinheit von Volvo Penta

Propeller und Drehrichtung des Motors sind so aufeinander eingestellt, dass Fahrrichtung und Stellung des Fahrhebels übereinstimmen.

9. Transport des Bootes an die Adria

Mein bevorzugtes Segelrevier war schon immer das Mittelmeer. Da ich ohnehin das Boot dort nutzen wollte, entschloss ich mich, es in noch unfertigen Zustand nach Süden, direkt ans Revier zu bringen, um dort weiter am Boot zu arbeiten. Als letztes standen ja die Malerarbeiten, und hier besonders der Außenanstrich, an. Die Lackierarbeiten im Innenbereich hatte ich bereits abgeschlossen. Für die außen aufzutragenden Farben, besonders trifft das für Zweikomponenten -Lacke zu, sind bestimmte Temperaturen für ein Gelingen nötig. Da ich in einer unbeheizten Scheune gearbeitet habe, war ich von den Außentemperaturen abhängig. Gerade im Frühjahr des Jahres, in dem das Schiff fertiggestellt werden sollte, wollten und wollten die Temperaturen einfach entsprechende Mindestwerte nicht erreichen. Gerade noch den Kielanstrich hatte ich bei entsprechenden Temperaturen geschafft. Das war wichtig, denn so frei würde der Kiel in Zukunft nicht mehr zugänglich sein.

An der oberen Adria war es dagegen im gleichen Jahr immer schön warm und es herrschte sonniges Wetter. Bereits im vorangegangenem Herbst hatte ich die ganze Küste der oberen Adria, von Slowenien nach Italien nach einem Liegeplatz ausschauend bereist. Meine Wahl fiel auf Aprilia Marittima an der Bucht von Marano in Italien. Hier war die Infrastruktur meiner Meinung nach am besten.

9.1 Verladen

Ein Boot von 10 Metern Länge zu transportieren ist heute kein Problem. Das hatte ich ja schon einmal hinter mir. Allerdings waren es damals keine 1000 Km. Das Problem für eine solche Strecke ist der Preis. So habe ich mich umgehört und etwas recherchiert, um ein günstiges Angebot zu bekommen. Ein weiteres Problem war ja, dass das Boot aufgehängt war. Der Transporter sollte rückwärts in die Scheune unter das Boot fahren und es dann aufnehmen. So umging ich das Umladen auf das Fahrgestell und den Ladekran (Kap. 1.1).

Abb. 27: Das Boot ist aufgeladen und schon ein wenig nach vorn gezogen

9.2 Am Zielort

Der Transport dauerte mit allen vorgeschriebenen Pausen ca. 30 Stunden. Am Zielort, in Aprilia Marittima, gibt es drei Häfen, wobei zwei über Landliegeplätze verfügen. Man kann dort an einem Steg liegen mit Anschlussmöglichkeiten für Strom und Wasser. Reparaturen und Pflegearbeiten am Boot sind erlaubt und an vielen Booten wird gewerkelt. Für Auftragsarbeiten stehen verschiedene Werkstätten zur Verfügung. Auch die Vergabe von Arbeiten an Fremdfirmen ist möglich.

Der Transporter mit dem Boot wurde gleich zu Arbeitsbeginn des Ankunfttages abgefertigt. Mit einem Travellerkrahn wurde das Schiff aufgenommen und an den Landliegeplatz gebracht.

Ich hatte das Boot schon so ausgerüstet, das ich von nun an an Bord übernachten konnte. Anfangs noch etwas primitiv, aber das änderte sich schnell.

So war ich gleich an meiner Arbeitsstelle, um die restlichen Arbeiten zu verrichten.

10. Arbeiten am Landliegeplatz
10.1 Anstrich

Wie aus Abb. 27 ersichtlich, ist der Rumpf des Segelbootes noch nicht gestrichen. Lediglich der Kiel mit dem Wulst ist mit Antifouling und entsprechenden Grundierschichten versehen. Dies war notwendig, weil die Kielunterseite nach Lagerung auf dem Tragegestell am Ort der Marina nicht mehr richtig zugänglich war.

Der Rumpfanstrich sollte in Zweikomponentenfarbe ausgeführt werden. Im entsprechenden Frühjahr wollten die Temperaturen einfach nicht über die für das Gelingen des Anstrichs notwendigen Temperaturen steigen. So habe ich alle diesbezüglichen Arbeiten nach Italien verlegt. Hier waren sowohl das Wetter als auch die Temperaturen über mehrere Tage im grünen Bereich.

10.2 Segel

Als ich das Boot übernommen habe, waren die auf den ausgemusterten Holzmasten und Baum zugeschnittenen Segel vorhanden. Ein gut erhaltenes Hauptsegel und zwei Vorsegel. Ein normales Vorsegel und eine Genua. Eine Spinnackerausrüstung war ebenfalls vorhanden. Die Vorsegel waren mit Stagreitern ausgerüstet, das Hauptsegel mit Rutschern, die in keiner Weise mit dem neuen Masten zusammenpassten.

Von einem örtlichen Fachhändler habe ich mir eine Rollfock-
anlage einbauen lassen (Bamer C1). Die Vorsegel wurden von
einem Segelmacher entsprechend umgerüstet, genauso das
Hauptsegel. Die Auswahl an Fachhändlern und Handwerkern
in und um Aprilia Marittima ist groß.

11. In der Marina

Wenn Boote an ihrem Landliegeplatz liegen, wird in der Saison an den meisten Schiffen herumgewerkelt. Besonders eifrig
natürlich am Beginn einer Segelsaison nach der Winterzeit.

Die Marina Aprilia Marittima liegt am westlichen Ende eines
Kanals, der durch die Bucht von Marano führt. Das offene
Wasser erreicht man bei Sabbiadoro. Doch es dauert noch eine
Weile, bis man sich entlang von Markierungen, aus einer
durch Sandbänke gekennzeichneten Zone ins freie Meer la-
viert hat. Aber das macht man in jeder Saison ja nur ein mal.

Aprilia Marittima selbst weist einige Restaurants auf und zwei
kleine Supermärkte.

Drei Marinas mit Wasserliegeplätzen in unterschiedlicher
Preislage stehen zur Auswahl. Zwei davon haben auch Landliegeplätze.

Unangenehm in den Sommermonaten sind die vielen Mücken.
Kaum berührt die Sonne abends den Horizont, schon tauchen
die Plagegeister auf. Lediglich an Tagen mit viel Wind werden
sie ferngehalten.

Gegen die Plage kann man sich mit den verschiedensten che-
mischen Mittelchen wehren. Ich habe mit Autan die besten Erfahrungen gemacht.

Wenn man abends bei Licht noch lesen oder arbeiten will, so
ist das Einschmieren keine dauerhafte Lösung.

Ich habe daher an allen Öffnungen, das sind die Luke im Vorschiff und der Einstieg, Mückengase angebracht.

**Abb. 28: Mückenschutz über der Vorschiffluke und dem Nieder-
gang. Hinten an der Steuerbordseite ist mein kleiner Kräutergar-
ten zu sehen**

So konnte ich Invasionen abhalten. Mit einzelnen Eindringlin-
gen wird man dann schon eher fertig.

12. Winterlager

Für die Zeit außerhalb der Segelsaison habe ich das Boot aus
dem Wasser nehmen lassen. So konnten kleinere Arbeiten be-
quem durchgeführt werden. Außerdem werden die Boote nach
dem Herausheben mit einem Hochdruckreiniger gesäubert,
was besonders wichtig ist, wenn man während der Törns längere Zeit in solchen Buchten gelegen hat, die durch landwirt-
schaftlichen Eintrag gut gedüngt sind.
Während der Landliegezeit besteht in der oben erwähnten Marina die Möglichkeit, das Schiff an einen Trockensteg mit entsprechenden Versorgungseinrichtungen zu legen. So kann man
wie gewohnt an Bord übernachten und arbeiten.
Für die Ruhezeit habe ich für das Boot eine Abdeckplane
selbst hergestellt. Da ich nicht nähen wollte, habe ich mich in
Bezug auf das Material beraten lassen und mich für eine PVC-
beschichtete Plane entschieden, die zum Verkleben geeignet

ist. Mir wurde erzählt, das dass Material sehr witterungsbeständig sei. Das ist es sicher auch, aber nicht in der südlichen Sonne. Die schafft alles innerhalb kurzer Zeit zu schrotten. Erst verabschieden sich die Weichmacher und die Plane wird spröde, so bricht dann auch schnell das beschichtete Gewebe. Außerdem wird auch noch der Farbstoff in Pulverform freigesetzt und überträgt sich bei Berührung.

Wie Abb. 29 zeigt, sieht die Abdeckplane anfangs ordentlich aus, hält aber nur zwei bis drei Sommer durch, wenn das Boot längere Zeit an Land abgedeckt liegt. Dabei ist natürlich die der Sonne zugewandte Seite besonders betroffen.

Abb. 29: Boot am Trockensteg, abgedeckt mit Plane. Über der Luke ist eine Klarsichtfolie eingefügt. So können die Batterien während der Ruhezeit über die Solarzelle aufgeladen werden

Einige Bilder aus dem Bootsalltag

Ab ins Wasser

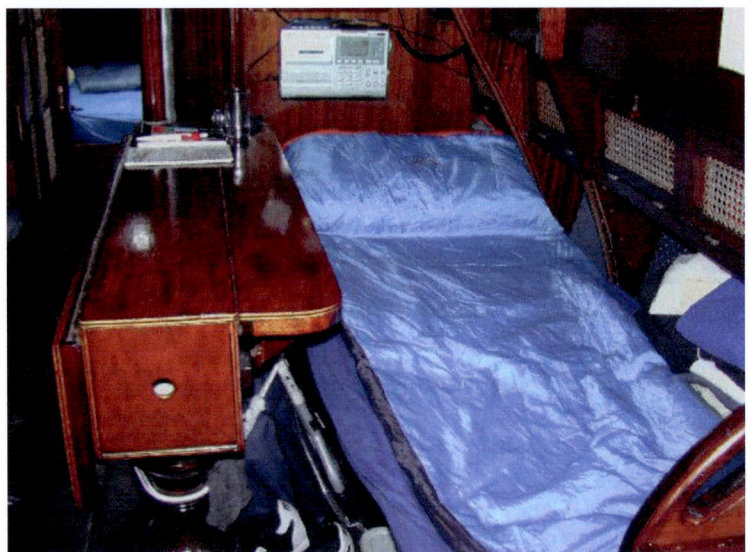

Die Koje für Gäste ist bereit

Bereit zum Frühstück an Bord

Im Kanal Richtung Adria

Wasserwegweiser. Wohin soll die Reise gehen?